© Celine Nieszawer

Agnès Desarthe wurde 1966 in Paris geboren. Sie studierte Literatur- und Sprachwissenschaft. Mit 22 Jahren veröffentlichte sie ihren ersten Roman für Erwachsene. Darauf folgten mehrere Kinder- und Jugendromane und Bilderbücher. Sie lebt mit ihrer Familie in Paris und arbeitet als Englischlehrerin. In der Fischer Schatzinsel erschienen von ihr ›Verliebt? Ich doch nicht!‹ (Bd. 80060), ›Reim für mich, dann küss ich dich‹ (HC, Bd. 85028), ›Ein ganz starker Typ‹ (Bd. 80278) und ›Verliebt noch mal!‹ (HC, Bd. 85056).

Véronique Deiss wurde 1965 in Straßburg geboren und studierte dort an der Ecole des arts décoratifs. Sie arbeitet als Illustratorin und ist im Verlagswesen als Publizistin tätig. Für die Fischer Schatzinsel illustrierte sie bereits Agnès Desarthes ›Ein ganz starker Typ‹ (Bd. 80278).

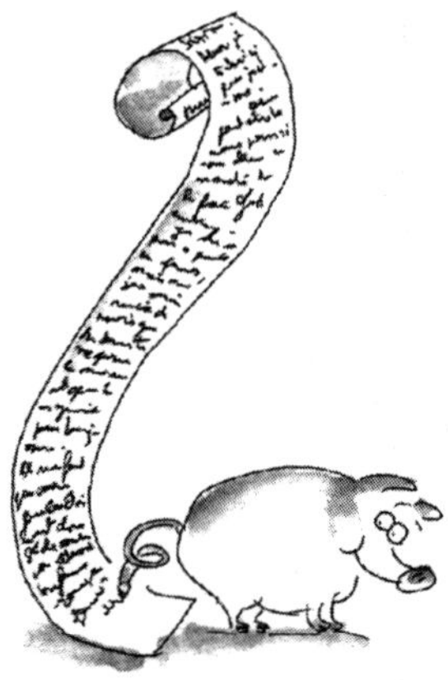

Agnès Desarthe

Lionel wie Karamell

Aus dem Französischen
von Anne Braun

Mit Bildern
von Véronique Deiss

Fischer
Taschenbuch
Verlag

Fischer Schatzinsel
Herausgegeben von Markus Niesen

Veröffentlicht im Fischer Taschenbuch Verlag GmbH,
Frankfurt am Main, August 2000

Die französische Originalausgabe erschien 1999
unter dem Titel »Les grandes
questions« bei L'école des loisirs, Paris

Lektorat: Julia Holbe
Gesamtherstellung: Clausen & Bosse, Leck
Printed in Germany
ISBN 3-596-85078-9

Nach den Regeln der neuen Rechtschreibung

Inhalt

Die grüne Woche

Seit Anfang des Schuljahres redeten alle von einer ›grünen‹ Woche, die Eltern, die Lehrer und unsere Rektorin. Alle wussten offenbar Bescheid.

Ich dagegen musste lange überlegen, was das sein könnte, und irgendwann sah ich dreiundfünfzig Töpfe mit grüner Farbe vor mir und dachte, wir müssten vielleicht alle Wände grün streichen.

Aber nein, ich hatte wieder einmal nichts kapiert. Ich bin nämlich etwas zerstreut. Lena-Guck-in-die-Luft, hat unsere Lehrerin in der ersten Klasse mich manchmal genannt. Eine

grüne Woche, das ist dasselbe wie eine normale Schulwoche, nur dass man da nicht zu Hause wohnt. Die ganze Klasse steigt in einen Bus, fährt los und kommt irgendwann am Ende der Welt an.

Das hat übrigens unsere Lehrerin gesagt. Nachdem wir alle ausgestiegen waren, rief sie aus: »Hier sind wir ja am Ende der Welt!« Der Absatz von einem ihrer Schuhe war umgeknickt und sie wäre um ein Haar im Graben gelandet.

Samira, die die ganze Fahrt über gesagt hat: »Ich glaube, ich muss mich gleich übergeben«, hat mich ganz fest in den Arm gezwickt, damit ich nicht loslache. Samira ist meine allerbeste Freundin. Wir kennen uns schon seit dem Kindergarten.

Samira ist superintelligent. Ich persönlich finde, dass sie sogar *zu* intelligent ist. Sie weiß wahnsinnig viel, über die Welt, die Menschen und das Leben an sich. Ich habe sie mal gefragt, wo sie all

das gelernt hat. Da hat sie nur mit den Schultern gezuckt und gesagt: »Im Fernsehen.«
Meine Eltern sagen immer, dass im Fernsehen nur Unsinn kommt, aber wenn sie Samira besser kennen und sich die Zeit nehmen würden, sich länger mit ihr zu unterhalten, würden sie einsehen, dass sie sich in Sachen Fernsehen getäuscht haben.
Dann sind da noch die großen Brüder, von denen ich noch nichts erzählt habe, aber sie sind auch sehr wichtig. Ein großer Bruder weiß alles. Meiner ist leider klein und doof; er hat einen Monat gebraucht, um den Text von dem Lied »Auf der grünen Wiese steht ein Gockelhahn« auswendig zu lernen. Wenn ich einen großen Bruder hätte, nicht einmal unbedingt gleich fünf wie Samira, sondern nur einen einzigen, dann wüsste ich bestimmt auch schon mehr. Aber nun ja, manche Dinge kann man nicht ändern. Die Welt ist, wie sie ist, und man kann sie nicht neu

erschaffen. Das würde zu lange dauern, und außerdem ist es ja auch gar nicht möglich.
Samira wusste von Anfang an, dass eine grüne Woche eine Art Feriencamp ist, nur dass man morgens Unterricht hat. Sie hat es mir aber nicht verraten, weil sie es lustig fand, dass ich so falsche Vorstellungen hatte. Außerdem beneidet sie mich um meinen Einfallsreichtum, hat sie gesagt. Die Sache mit den Farbtöpfen hat ihr gut gefallen.
Wir sind schon in der zweiten Klasse und unsere Lehrerin heißt Madame Ravier. Weil sie so klein ist, trägt sie immer Schuhe mit hohen Absätzen. Sie hat zwei Lieblinge, Ismael und Bertrand.
Samira hat mir erklärt, dass das daran liegt, dass sie Jungs lieber mag. Aber das finde ich okay. Ich mag Jungs auch lieber. Sie können schneller rennen als Mädchen und heulen auch nie.
Als Mama vor dem Bus stand und mir zum Abschied zuwinkte, habe ich auch nicht geheult.

Fünf Tage sind schließlich nicht lang, habe ich mir gesagt. Die Viertklässler fahren sogar immer für drei Wochen weg, aber das ist okay, sie sind ja auch schon neun Jahre alt. Mit neun hat man vor nichts mehr Angst.

Außer unserer Lehrerin ist auch Dora dabei, unsere Hausmeistersfrau, die immer allen zuzwinkert, und die Mutter von Johanna. Sie hat ein Doppelkinn und eine schrecklich schrille Stimme. Irgendwie muss ich bei ihrem Anblick immer an ein Huhn denken, besonders deshalb, weil sie ein kleines rotes Käppi auf dem Kopf

hat, das wirklich wie ein Hühnerkamm aussieht. Sie hat sich auf der Fahrt absichtlich nicht neben ihre Tochter gesetzt. Sie will nämlich niemanden bevorzugen, hat sie gesagt, was vermutlich bedeutet, dass sie an allen von uns herummeckern wird. Da sie sich in der kurzen Zeit nicht all unsere Namen merken konnte, sagt sie Sachen wie: »Du, der kleine Junge mit der grünen Jacke« oder »Du, das Mädchen mit den roten Schuhen«. Johanna ist das alles sehr peinlich, sie tut so, als würde sie ihre Mutter nicht kennen, aber das nützt nichts, wir wissen alle längst Bescheid.

Unser Landschulheim, wo wir die grüne Woche verbringen, ist ein großer Bauernhof, und wir schlafen in Betten mit einem Eisengestell.
Samira hat mir erzählt, dass sie im Fernsehen einmal eine Sendung über Irrenhäuser gesehen hat und dass sie da auch solche Betten haben.
»Wieso das?«, habe ich sie gefragt.
»Na, das ist doch praktisch, denn wenn einer echt verrückt ist, dann kann man ihn mit Lederriemen an den Eisenstäben festbinden und er kann sich nicht mehr rühren.«
Keine schlechte Idee. Ich habe mir überlegt, dass wir Louis festbinden könnten. Louis ist nämlich wirklich echt verrückt. Manchmal klemmt er sich einen Bleistift zwischen die Zähne und tut so, als würde er rauchen.
Gegen Abend geht es hier ganz schön laut zu. Man hört das Muhen der Kühe, das Grunzen der Schweine und das Gackern der Hühner. Wir haben den ganzen Morgen Wortschatz geübt.

Die Lehrerin hat gesagt: »So, und nun werdet ihr kleinen Großstädter mit dem Landleben vertraut gemacht. Auf dem Land gibt es jede Menge Geräusche. Städter glauben immer, dass es auf dem Land ruhig zugeht. Aber das ist ein Irrtum. Der Wind, die Traktoren, die Tiere, alles macht Lärm hier auf dem Land.«
Dann sollte jeder von uns ein Tier nachmachen. Lili hat gesagt, die Hunde würden ›wau wau‹ machen, und da hat sich Pedro sofort gemeldet, um sie zu verbessern.
»Hunde, zumindest die meisten, machen ›wuff wuff‹.«
Das hat er gesagt, und es stimmt. Pedro ist nämlich unser Klassenbester. Er hat ganz kurze, schwarze Haare, die wie Stacheln aussehen, blaue Augen und ganz viele Sommersprossen. Als meine Mutter ihn zum ersten Mal gesehen hat, hat sie gesagt: »Es müsste verboten werden, dass jemand so gut aussieht.«

Vor dem Schlafengehen haben Samira und ich noch unser Lieblingsspiel gemacht. Dieses Spiel heißt: ›Das Spiel der großen Fragen‹. Jeden Tag unterhalten wir uns ein Weilchen über ganz wichtige Fragen. An diesem Abend hatten wir mehrere Punkte zu besprechen.

Erstens: Ist es schöner, wenn man bei der grünen Woche seine Mama als Begleitperson dabei hat? Aber als wir daran dachten, wie Johanna dreingeschaut hat, als ihre Mutter sie gezwungen hat, ihren Teller mit den gefüllten Tomaten leer zu essen, um allen mit gutem Beispiel voranzugehen, antworteten wir übereinstimmend mit: NEIN.

Zweitens: Müsste es wirklich verboten werden, dass jemand gut aussieht?

»Ja«, behauptete Samira. »Denn dann können andere aus Liebe sterben.«

»Wie denn das?«, fragte ich verblüfft.

»Wenn man jemanden sieht, der wahnsinnig

schön ist, bekommt man Herzklopfen. Und dann schlägt das Herz immer schneller und schneller und plötzlich fällt man tot um.«
Ich dachte an Pedro und bat Samira, mal kurz ihr Ohr an meine Brust zu legen, um zu hören, wie mein Herz schlägt.
»Nichts. Ich höre nichts.«
»Echt nicht?«
»Echt nicht. Gib mir mal deine Hand, ich versuche es mit deinem Puls.«
Inzwischen etwas besorgt, reichte ich ihr meine Hand. Samira erklärte mir fachmännisch, dass man auch am Handgelenk spüren kann, ob das Herz schlägt. Da soll eine Ader genau dasselbe Geräusch machen wie das Herz. Das fand ich zwar etwas merkwürdig, aber ich hielt ihr trotzdem meinen Arm hin.
Samira legte zwei Finger auf die Stelle, wo die Adern ein Y bilden. Nach einer Weile schüttelte sie den Kopf.

»Auch kein Puls«, erklärte sie.

Ich erkundigte mich vorsichtig, ob das bedeutete, dass ich vielleicht schon tot wäre. Samira meinte, sie sei sich nicht hundertprozentig sicher, aber da ich ja noch reden und mich bewegen könne, müsste ich eigentlich noch leben.

Allerdings fügte sie noch mit düsterer Stimme hinzu: »Pass trotzdem etwas auf. Denk nicht zu viel an Pedro. Man weiß nie, was alles passieren kann.«

Um auf andere Gedanken zu kommen, beschlossen wir, eine weitere wichtige Frage zu diskutieren, nämlich:

Drittens: Ist das Zeitwort ›bellen‹ ein schönes Zeitwort?

»Mir persönlich gefällt das Zeitwort ›muhen‹ besser«, meinte Samira. »Denn es erinnert mich an ›Muh‹, die tollen Karamellbonbons.«

»Stimmt«, sagte ich. »Aber ›gackern‹ gefällt mir

gar nicht. Da muss man irgendwie an ›kacken‹ denken.«

Als ich wenig später am Einschlafen war, musste ich noch einmal an Pedro denken – wegen des Zeitworts ›bellen‹ – und da bekam ich es plötzlich mit der Angst zu tun. Um mich zu beruhigen, legte ich eine Hand an den Hals, an die Stelle, an die ich nachts normalerweise meinen Teddybären drücke, und auf einmal spürte ich am Daumen etwas, das sich bewegte. Es pochte ganz regelmäßig, so ähnlich wie bumm-bumm, bumm-bumm.

»Samira! Samira! Stell dir vor: Ich habe einen

Puls im Hals«, rief ich aufgeregt.

»Gottseidank«, meinte sie schlaftrunken. »Du bist gerettet!«

Danke für den tollen Brief

Daheim frühstücke ich nie. Ich schneide eine Grimasse, wenn Mama mir meine Tasse Kakao hinstellt. Das mache ich hauptsächlich, um sie zu ärgern, denn in Wirklichkeit frühstücke ich schon, nur eben heimlich. Ich stecke mir immer fünf Butterkekse in meine Manteltasche, und die futtere ich dann in der kleinen Pause, gleich nach der ersten Stunde.

Ich weiß, dass es wichtig ist, sich richtig zu ernähren. In allen Märchenbüchern hat Schneewittchen richtig schöne Pausbäckchen. Man muss also ganz schön viel essen, um so schön zu sein wie sie.

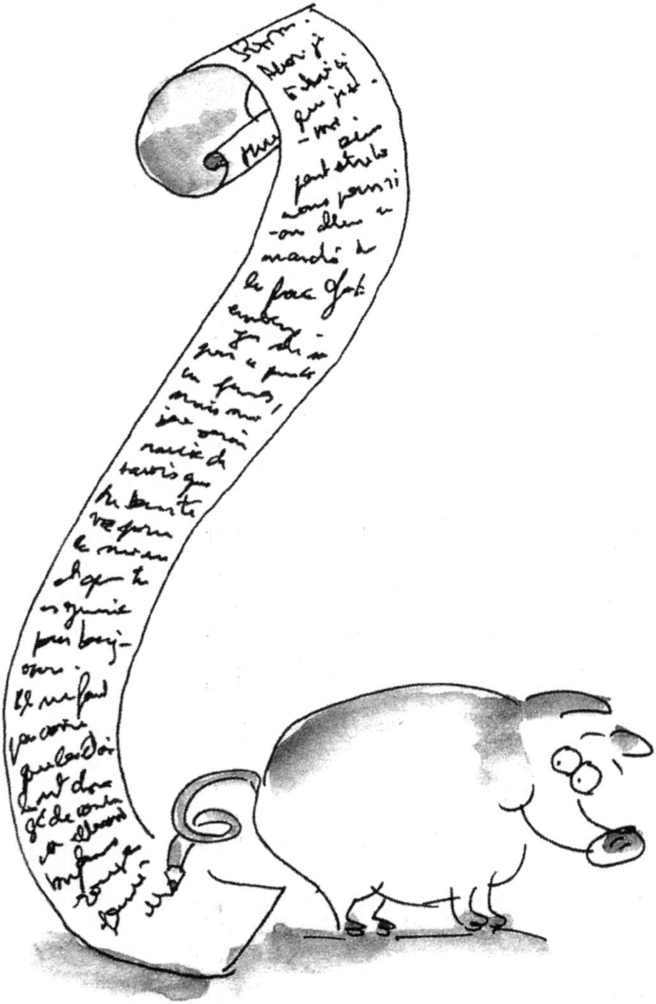

Als ich am ersten Morgen im Landschulheim neben Samira an dem großen Tisch sitze, verschlinge ich mehrere Scheiben Brot mit Marmelade, und Samira und ich finden beide, dass dies mit Abstand das Beste ist, was wir je gegessen haben.

»Abgesehen von Frikadellen«, fügt Samira hinzu.

»Bist du dir da sicher?«, frage ich skeptisch. »Frikadellen riechen widerlich, wenn man sie brät.«

»Stimmt«, muss Samira zugeben. »Aber genau deshalb schmecken sie nachher auch so gut.«

Na ja, ich habe ja schon erwähnt, dass Samira einfach zu intelligent ist.

Am Ende des gemeinsamen Frühstücks kletterte Madame Ravier auf einen Stuhl, damit alle sie sehen konnten. Und da sie zudem ihre hohen Absätze trug, war sie jetzt richtig groß. Sie legte

die Hände an den Mund und rief mit lauter Stimme: »Unter euch sind ein paar Glückspilze, die schon Post bekommen haben!«
Da sind wir alle vor Aufregung auf den Stühlen hin- und hergerutscht. Und wenig später landete ein Brief auf meinem Teller. Es war ein Brief von Mama. Das sah ich auf den ersten Blick, denn meine Mama schreibt wie ein Ferkel. Nichts als ein Haufen spitzer Striche, die nichts ähnlich sehen, das auch nur entfernt mit dem Alphabet zu tun hätte. Deshalb habe ich gleich die Hand gehoben, damit die Lehrerin mir half, die Wörter zu entziffern.
Madame Ravier hat meinen Umschlag genommen, ihn geöffnet und gleich begonnen, meinen Brief laut vorzulesen.

Mein süßes, kleines Korkenknubbelchen,
du weißt, dass Papa und ich dich über
alles in der Welt lieben.

Im ersten Moment habe ich gehofft, mich verhört zu haben. Ich zog den Kopf ein und versuchte, mich ganz klein zu machen. Ich wollte nichts als schrumpfen, schrumpfen, schrumpfen und mich dann in einem Mäuseloch verkriechen. Mit einem Schlag war es mucksmäuschenstill geworden im Speisesaal. Alle Kinder hatten aufgehört zu reden, als wäre der Brief, den Madame Ravier gerade vorlas, für sie bestimmt. Ich spürte, dass ich feuerrot anlief und mir heiß wurde. Samira griff unter dem Tisch nach meiner Hand, drückte sie und flüsterte tröstend: »Lächerlichkeit bringt einen nicht um.« Ich war

mir dessen nicht mehr sicher, besonders als ich auch noch den Rest des Briefes zu hören bekam.

Du bist unser kleiner Sonnenschein am Morgen und unser Licht am Abend. Vergiss bitte nicht, mein Goldschatz, immer einen Schal anzuziehen, bevor du ins Freie gehst, auch wenn dir vielleicht gar nicht kalt ist. Und sei immer schön höflich zur Lehrerin, denn sie mag höfliche Kinder. Uns macht es ja nichts aus, wenn du unschöne Ausdrücke sagst, aber du weißt ja, dass man das in der Schule nicht darf, sei

also etwas vorsichtig. Tausend Küsschen für unser kleines Korkenknubbelchen.

Inzwischen krümmten sich alle vor Lachen, meine Mitschüler, die Lehrerin, Dora (die die Gelegenheit nutzte, mir verstohlen zuzuzwinkern) und sogar der Koch. Die Einzige, die nicht mitlachte, war die Mutter von Johanna. Sie schaute mich zuerst nur verblüfft an und senkte dann den Kopf, Tränen in den Augen.
»Sie sind bloß neidisch«, versuchte mich Samira zu trösten.
»Meinst du?«, stammelte ich hoffnungsvoll.
»Aber sicher. Das Problem ist nur, dass dich ab jetzt alle kleines Korkenknubbelchen nennen werden. Ich vermutlich auch. Ich fürchte, ich kann nichts dagegen tun.«
Ich zuckte nur mit den Schultern. Ein kleiner Korken ist ja ganz hübsch, oder? Ich dachte an all die anderen Kosenamen, mit denen meine

Eltern mich manchmal rufen (Mausilein, Babyschnütchen, Zuckerbutzi) und fand, dass ich eigentlich noch von Glück sagen konnte.
»Na schön, aber nur ein einziges Mal«, sagte ich zu Samira.
»Einverstanden, mein kleines Korkenknubbelchen.«
»Okay. Du hast es gesagt. Zum ersten und zum letzten Mal. Und jetzt vergiss es wieder.«
Samira machte große flehentliche Augen, wie ein Hund, der sich verlaufen hat und nichts zu essen hat und kein Herrchen mehr, sondern nur Flöhe, die ihn hinter den Ohren kratzen.
»Na schön, meinetwegen«, sagte ich schließlich. »Aber nur noch ein einziges, allerletztes Mal.«
»Danke, mein kleines Korkenknubbelchen«, sagte sie grinsend.
An ihrem Grinsen sah ich, dass sie es nun nie mehr sagen würde, denn sie ist meine beste

Freundin. Und wenn sie etwas verspricht, dann hält sie es auch.
Ich warf einen heimlichen Blick auf Pedro, um zu sehen, was er von mir dachte, aber er hatte sein Gesicht in die große Tasse versenkt und trank seelenruhig seinen Kakao.

Im Unterricht hatten wir dann Rechnen. Zahlen zusammenzählen und abziehen und das mit Übertrag. Wer als Erster das Ergebnis wusste, sollte die Hand heben und sein Ergebnis an die Tafel schreiben. Clemens hat sich als Erster gemeldet, aber nur, weil er wie üblich nichts kapiert hatte.
»Wie war das noch mal mit den Zehnerspalten?«, wollte er wissen.
Madame Ravier stieß einen Seufzer aus. »Wenn das so ist«, sagte sie, »müssen wir zu anderen Mitteln greifen.«
Dann ging sie in die Küche, um Korken zu ho-

len, damit sie es Clemens noch einmal erklären konnte.

»Sie ist eine Sadistin, die Ravier«, flüsterte mir Samira zu. »Das macht sie mit Absicht, um sich über dich lustig zu machen.«

»Meinst du? Vielleicht macht sie es nur zum Spaß.«

»Nein, wenn ich es dir doch sage. Sie hat was gegen Mädchen. Folglich kann sie dich nicht mögen. Sie ist eine Sadistin, Punkt und basta.«

Ich fragte Samira, was ›Sadistin‹ bedeutet, und sie antwortete, dass ich es heute Abend erfahren würde.

Ich war so ungeduldig, dass ich auf unserer Erkundungstour im Wald keinen einzigen Pilz gesehen habe. Gleich nach der Mittagspause zogen wir los und marschierten zwei volle Stunden lang durch verdörrtes Laub. Alle anderen kehrten mit proppevollen Körben ins Landschulheim zurück.

An diesem Nachmittag haben wir nämlich Naturerforschung im Freien gemacht. Das bedeutet, dass man alle möglichen Sachen aufliest, die draußen herumliegen und sie anschließend mit einer Lupe betrachtet. Benjamin, der es schaffte, einen Satanspilz zu entdecken, bekam eine Eins.

Die Mutter von Johanna ist fast übergeschnappt, weil ihre Tochter in aller Ruhe am Daumen lutschte, obwohl sie kurz zuvor einen Fliegenpilz angefasst hatte. Sie warf unserer Lehrerin Verantwortungslosigkeit vor und drohte damit, einen Beschwerdebrief an die Schulleiterin zu schreiben.

»Glaubst du, dass man sie heute Nacht an ihr Bett fesseln muss?«, fragte ich Samira.

»Ich sehe keine andere Möglichkeit«, antwortete Samira achselzuckend.

Doch die Lehrerin hat nur gelacht und der aufgebrachten Mutter erklärt, dass es nur ein hüb-

scher, von Schnecken angefressener Täubling gewesen sei und dass Fliegenpilze wesentlich seltener vorkommen, als man gemeinhin annimmt, und dass sie dem ersten Schüler, der mit einem echten Fliegenpilz ankommt, eine Belohnung geben würde. Zum Schluss fügte sie noch sehr ernst hinzu: »Und im Übrigen darf ich Ihnen versichern, dass ich staatlich geprüfte Mykologin bin!«
Da hat sich die Mutter von Johanna auf die Lippen gebissen und auf einmal ganz betreten dreingeschaut.

Am Abend nach diesem aufregenden Tag hatten wir für unser Fragespiel jede Menge Programmpunkte.
Erstens: Was ist eine Mykologin?
»Keine Ahnung«, musste sogar Samira zugeben.
»Ich glaube, dass es was mit Pilzen zu tun hat«, erklärte ich mit unüberhörbarem Stolz in der

Stimme. »Denn ich hatte mal Fußpilz und da hat der Arzt gesagt: ›Das ist eine Mykose, mein kleines Fräulein.‹ Mykose klingt ganz ähnlich wie Mykologin, findest du nicht? Genau wie Zucker und Zuckerzeug.«

»Aha, du glaubst also, dass Myko übersetzt Pilz bedeutet?«

»Genau.«

»Und diese Eisfirma Miko, die machen dann wohl Pilzeis, oder?«
Da mussten wir beide lachen, aber ich wusste genau, dass *ich* diesmal Recht hatte.
Zweitens: Was ist eine Sadistin?
Samira erklärt mir, dass Sadisten Leute sind, denen es Spaß macht, andere Menschen zu quälen und zu foltern.
»Folter ist etwas Schreckliches«, fügt sie hinzu. »Da steckt man einem zum Beispiel Streichhölzer unter die Fingernägel und so.«
»Warum denn das?«, will ich wissen.
»Na, damit man redet«, erklärt Samira.
»Also ich würde gleich reden, das tut bestimmt weh.«
»Ich nicht«, behauptet Samira. »Denn wer redet, ist ein Verräter.«
Ich frage mich, woher Samira so genau über Folter Bescheid weiß. Aber das liegt an ihren großen Brüdern. Sie behauptet, dass sie sie

schon gefoltert haben. Ich frage natürlich sofort nach, ob sie ihr auch Streichhölzer unter die Fingernägel gesteckt haben.
»Oh ja«, bestätigt sie.
Mir ist natürlich klar, dass das geflunkert ist, aber ich tröste sie trotzdem.
Drittens: Ist es schöner, wenn man in der grünen Woche die eigene Mutter dabei hat?
Ich weiß, diese Frage hatten wir schon disku-

tiert, aber inzwischen haben wir neue Fakten gesammelt.

An diesem Abend habe ich die Frage bejaht. Ja, es ist schöner, wenn man seine eigene Mutter dabei hat, denn dann bleibt einem wenigstens erspart, peinliche Briefe zu bekommen, über die sich die ganze Klasse halb totlacht.

Zwei Lionels zu viel

Am nächsten Morgen haben wir ›Schriftlicher Ausdruck‹. Das bedeutet, dass wir drei Stunden lang dasitzen und uns den Kopf zerbrechen müssen – eine Geschichte erzählen und uns Personen ausdenken müssen, halt einen Aufsatz schreiben. »Freies Thema«, hat die Lehrerin gesagt. »Schreibt einfach, was euch in den Sinn kommt. Da wir derzeit auf dem Lande sind, könnt ihr euch natürlich von der Tierwelt hier und der Feldarbeit inspirieren lassen. Ausnahmsweise habt ihr die Erlaubnis, in kleinen Gruppen zu arbeiten.«
Ich griff sofort nach Samiras Hand. Sie und ich.

Ich und sie. Wir beschließen spontan, das folgende Rätsel in unser abendliches Fragespiel aufzunehmen: »Ab wie vielen Personen ist man eine Gruppe?«

Samira möchte ein Buch schreiben mit dem Titel: *Untergang der Dinosaurier.* Ich finde, das ist ein großartiger Titel. Wenn ich ihn höre, bekomme ich Herzklopfen. Samira erzählt mir die ganze Geschichte, und wir beschließen, gleich mit dem Schreiben anzufangen. Aber das ist viel komplizierter, als man denkt.
Wie sie mir erzählt, kam es eines Tages, als die Dinosaurier friedlich vor sich hin lebten und andere Dinosaurier fraßen oder auch einfach nur Blätter, zu einer großen Katastrophe. Entweder gab es eine Explosion, oder ein Vulkan brach aus oder ein riesiger Meteorit ist auf die Erde gestürzt (Samira weiß auch nicht genau, was es nun wirklich war, weshalb wir beschließen, alle

drei Punkte anzuführen, damit das Ganze noch dramatischer wird). Jedenfalls wurde bei all diesen Katastrophen so viel Staub aufgewirbelt, dass eine riesige, schwarze Wolke den ganzen Himmel verdunkelt hat. Die Sonne war weg und es wurde auf einmal schrecklich kalt (unter null Grad, meint Samira), so kalt jedenfalls, dass alle Dinosaurier gestorben sind.

»Erfroren?«, frage ich erschüttert.

»Und verhungert«, erklärt Samira.

Da tun sie mir auf einmal noch mehr Leid. Und das Schlimme ist, dass das Ganze eine wahre Geschichte ist.

Bis halb zwölf Uhr haben wir es gerade mal geschafft, ganze drei Zeilen aufs Papier zu bringen. Und es war das Anstrengendste, was ich je im Leben getan habe.

Aber aus Solidarität mit den armen Dinosauriern beschließen wir, beim Mittagessen auf den Nachtisch zu verzichten.

Am Nachmittag machen wir eine Schnitzeljagd. Davor habe ich einen richtigen Horror. Man muss durch die Gegend rennen und Steine aufheben, unter denen tausend Asseln rumrennen. Außerdem ist Pedro nicht in unserer Gruppe. Lorette hat ihn zuerst für ihre Gruppe ausgesucht. Ich bekomme eine fürchterliche Wut auf sie und beschließe, sie mit einem bösen Fluch zu belegen. Soll sie meinetwegen Angina, Warzen oder Ohrenweh bekommen!

»Malaria«, schlägt Samira vor, die sich auch in punkto Krankheiten recht gut auskennt.

Ich denke ganz intensiv an Lorette und an all die schrecklichen Sachen, die sie nun zur Strafe bekommen wird. Aber vorläufig geht es darum, die Krone des Prinzen, sein Schwert und das Samtband der Prinzessin und die richtige Antwort auf die Frage zu finden: Was ist grün und bewegt sich immer auf und ab? (Ich persönlich dachte, es wäre eine Erbse, die Aufzug fährt –

aber nein! Es war ein Marsmännchen mit Sprungfedern an den Füßen.) Anschließend müssen wir noch eine Runde Bockspringen machen und den Namen des Königresichs herausfinden, in dem der Prinz und die Prinzessin heiraten werden. Der Sieger bekommt zur Be-

lohnung eine Tafel Schokolade. Aber Samira und ich halten lieber Ausschau nach Fährten von Tieren, die vom Aussterben bedroht sind. Wir verlieren zwar bei dem Spiel, aber wir wissen endlich, was wir später werden wollen, nämlich Paläontologinnen.

Diese schwierige Wort haben wir natürlich nicht gekannt, wir mussten zuerst die Lehrerin fragen. Sie hat jeder von uns ein Fleißbildchen gegeben und uns gelobt: »Gute Idee, meine Mädchen.«
Wir fragen uns, ob wir es vielleicht doch noch schaffen, Madame Raviers Lieblingsschülerinnen zu werden. Um das zu feiern, haben wir dann die Törtchen aufgegessen, die es am Nachmittag gab. Die Dinosaurier sind schließlich schon vor sehr langer Zeit gestorben und wir können nichts daran ändern.

In meinem Handbuch war ein kleiner, gefalteter Zettel versteckt. Darauf ist ein Herzchen gemalt und der Vorname eines Jungen, der mit L beginnt.
»Oh, du hast einen Verehrer«, sagt Samira beeindruckt.
»Sieht ganz so aus«, antworte ich seufzend.

Aber der Name ist so schlampig geschrieben, dass man ihn nicht entziffern kann.
»Meinst du, es ist von Pedro?«, frage ich hoffnungsvoll.
»Nie im Leben«, antwortet Samira kopfschüttelnd. »Pedro fängt doch mit einem P an.«
»Klar, aber es ist ein spanischer Name. Auf Spanisch schreibt man Pedro vielleicht mit einem L.«

Wieder schüttelt Samira den Kopf. Sie erklärt mir, dass sich das Alphabet nicht so leicht ändert.

Nach längerer Betrachtung kommen wir zu dem Schluss, dass der zweite Buchstabe ein i sein muss, und da bleibt uns keine große Wahl mehr. Laurent, Lamine und Leo scheiden aus. Es kann nur Lionel heißen!

»Lionel?«

Mir gefällt dieser Name, denn er erinnert mich an Karamell, aber das Problem ist, dass wir drei Lionels in der Klasse haben.
»Das sind zwei zu viel«, meint Samira.
»Und was soll ich jetzt tun?«, frage ich ratlos.
»Soweit ich weiß, kann man in manchen Ländern mehrere Frauen haben«, erklärt Samira.
»Mehrere Frauen vielleicht«, antworte ich, »aber darf man auch mehrere Ehemänner haben?«
Diese Frage bleibt vorläufig offen, aber eigentlich ist es mir sowieso egal, denn ich bin in keinen der drei Lionels verliebt. Ich will nur Pedro und sonst keinen. Also beschließe ich, jedem der drei Lionels einen kurzen Brief zu schreiben, um ihnen zu erklären, dass jede engere Beziehung zwischen uns ausgeschlossen ist, da das Schicksal meine Schritte in eine andere Richtung lenkt. (Diesen tollen Satz hat Samira neulich im Fernsehen aufgeschnappt.) Ich mache mich gleich an

die Arbeit und schreibe einen ersten Entwurf. Allerdings werde ich den Text erst morgen früh dreimal ins Reine schreiben, denn es ist schon halb neun Uhr abends und wir müssen ins Bett.

Unser Fragespiel dauert an diesem Abend so lange, dass wir fast nicht zum Schlafen kommen.
Erstens: Kann man seine Meinung über Jungen und Mädchen ändern?
»Ich glaube ja«, sagt Samira. »Madame Ravier hat uns heute ein Fleißbildchen geschenkt. Das ist der Beweis!«
Zweitens: Kann man mehrere Ehemänner haben?
Da die Beantwortung dieser Frage zu kompliziert ist, beschließen wir, direkt zur nächsten Frage überzugehen.
Drittens: Ab wie viel Personen ist man eine Gruppe?

»Bitte keine Rechenaufgaben!«, stöhnt Samira auf.
»Aber das ist doch ganz leicht«, erkläre ich ihr. Den *Untergang der Dinosaurier* haben wir zu zweit geschrieben, und es gilt als Gruppenarbeit. Folglich ist man zu zweit schon eine Gruppe.«
Im Rechnen bin ich einfach ein bisschen besser als Samira!
Viertens: Was essen wir am liebsten?
Dieser Punkt dauert immer ewig, weil es so viele

Sachen gibt, die wir gerne essen, zum Beispiel Cocktailwürstchen, Schlagsahne, Schoko-Croissants und und und …

»Lauch«, ruft Samira plötzlich.

»Quatsch, du schummelst«, widerspreche ich. »Kein Mensch mag Lauch.«

»Na schön, dann eben Spargel.«

»Hm, meinetwegen, aber nur zur Not«, sage ich. »Und höchstens einmal im Monat.«

Am nächsten Morgen hatten Samira und ich ganz kleine Augen und leichte Kopfschmerzen.

HAAATSCHiii

Ein Wahnsinnsschnupfen

Heute früh hat sich einer der drei Lionels den Finger in der Tür zum Speisesaal eingequetscht. Ich habe mich einen Moment lang gefragt, ob das nicht ein Zeichen ist, dass ich mich doch in ihn verlieben sollte. Er hat einen Schrei ausgestoßen, ist kreidebleich geworden, und als er seine Hand wieder herauszog, war sie total voller Blut. Es sah aus wie Raviolisauce.

»Ich hätte gedacht, dass es viel mehr spritzt«, sagte Samira.

Wie auf Kommando versammelten sich alle Kinder um den armen Lionel, der den Mund weit aufgerissen hatte. Auch seine Augen waren vor

Schreck riesig groß. Mit seiner weißen Hand hielt er seine rot gefärbte umklammert und hüpfte von einem Bein auf das andere.
Als Madame Ravier ankam, schob sie uns energisch zur Seite. Bertrand stolperte gegen Lorette, die sich an Pedros Ärmel festklammerte, und da verlor auch Pedro das Gleichgewicht. Um nicht hinzufallen, stellte er unabsichtlich Ismael ein Bein, woraufhin dieser mit der Nase gegen das Knie des anderen Lionel donnerte.
»Zur Seite, Kinder! Macht Platz!« Diejenigen, die inzwischen auf dem Boden lagen, kamen nicht so schnell wieder auf die Beine, weshalb sie von denen, die brav zurückwichen, um dem Befehl der Lehrerin Folge zu leisten, fast zertrampelt wurden. Mein Vater hätte gesagt, es herrschte ein wahres Tohuwabohu.
»Das bringt mich auf eine Idee für den *Untergang der Dinosaurier*«, flüsterte Samira mir zu.
Während dieses ganzen Durcheinanders er-

starrte der arme Lionel mit der blutenden Hand plötzlich völlig. Sein Gesicht wurde noch eine Spur weißer, und ich rechnete fest damit, dass er gleich ohnmächtig werden würde. Doch er gab nur so komische Laute von sich wie ein kleiner herrenloser Hund, den man aus einem Wagen geworfen hatte und der sich beim Aufprall auf dem harten Asphalt ein Bein gebrochen hatte.

»Du, sag mal, Samira«, flüsterte ich meiner allerbesten Freundin ins Ohr, »meinst du, ich muss mich jetzt doch in ihn verlieben?«

»Hm, ich weiß nicht, aber das gibt mir eine weitere Idee für den *Untergang der Dinosaurier.*«

Ich rief ihr in Erinnerung, dass ihr Buch, oder besser gesagt, unser Buch, ein Abenteuerroman werden sollte.

»Es gibt nur eins, was die Leute fasziniert, und das ist die Liebe«, antwortete sie.

Ich warf einen Blick auf Pedro, um mich zu vergewissern, ob das stimmte. Er aber schien sich wesentlich mehr für die Blutspritzer an der Wand zu interessieren als für mich.

Was danach passiert ist, ist unglaublich und doch wahr. Wer Madame Ravier nie gesehen hat, kann es sich zwar kaum vorstellen, aber ich versuche es zu beschreiben: Madame Ravier ist unheimlich klein, kaum ein Kopf größer als ich, und sie ist auch ganz furchtbar dünn. Aber dafür hat sie einen großen, runden Kopf. Irgendwie erinnert sie mich immer an einen Lutscher. Jedenfalls hat dieser Lutscher nun den armen Lionel, der von allen drei Lionels ausgerechnet der größte und dickste ist, mit beiden Armen gepackt und bis zum Badezimmer geschleppt, während Dora den Notarzt anrief.
Es war natürlich nicht zu übersehen, dass unsere Lehrerin mit dieser Last ziemlich überfordert war. Ihre Knöchel in den hohen Absätzen knickten immer wieder bedenklich um, und alle drei

Schritte musste sie stehen bleiben und tief Luft holen, als stünde sie kurz vor einem Herzinfarkt. Lionel war total erschlafft und riesig. Ich musste an die Ameisen im Gras denken, die manchmal Brotkrümel mit sich herumschleppen, die mindestens dreimal so groß sind wie sie selbst.

Die Sanitäter waren sehr nett. Auch ihre Uniformen sahen toll aus. Sie lächelten die ganze Zeit und erzählten uns Witze. Mit einem Mal schien alles halb so schlimm. Sie brachten sogar Lionel zum Lachen, als sie ihm sagten, dass sie seinen Finger durch einen speziellen, ultrastarken Haken ersetzen würden, den man per Fernbedienung dazu bringen könnte, all seine Hausaufgaben vollautomatisch zu erledigen.

Beim Mittagessen redeten wir natürlich über nichts anderes als über die Sanitäter, den ferngesteuerten Haken und Lionel mit seinem eindrucksvollen Verband, der der Held des Tages war. Mir fiel auf, dass die anderen beiden Lionels sehr viel weniger gut in Form waren, besonders der Grüngekleidete, und ich habe mich gefragt, ob das nicht der Beweis war, dass er mein heimlicher Verehrer war.
Gerade als ich das mit Samira besprechen wollte,

wurde ich ans Telefon gerufen. Ich fühlte mich etwas seltsam, als ich den Hörer abnahm. Ich telefoniere nicht sehr oft. Es war mein Vater, und mir fiel beim besten Willen nichts ein, was ich ihm hätte sagen können. Ich begann zu zittern. Meine Stimme klang ganz komisch und meine Hände begannen zu schwitzen.

»Na, was gibt es Neues, mein kleines Korkenknubbelchen?«

»Hm, nichts Besonderes …« Natürlich hätte ich von Lionels Unfall erzählen können und von den Uniformen der Sanitäter, aber irgendwie habe ich mich nicht getraut. Ich war total schüchtern, so, als wäre er mir vollkommen fremd.

»Ich wollte nur kurz anrufen, um zu erfahren, wie es meiner kleinen Zuckerschnute so geht.«

»Oh, ganz gut. Und euch?«

»Mit mir und deinem kleinen Bruder ist alles in Butter. Aber Mama hat einen Wahnsinnsschnupfen.«

Dann schickte er mir ein Küsschen durch die Leitung und hängte wieder auf. Ich wunderte mich, dass er kein bisschen traurig geklungen hatte.

Sobald ich aufgelegt hatte, fiel ich in Ohnmacht. Das heißt, ich wäre am liebsten in Ohnmacht gefallen. Ich habe es versucht, aber es hat nicht geklappt. Dann habe ich versucht zu heulen, aber das hat auch nicht geklappt. Madame Ravier, die gesehen hat, dass ich wie gelähmt war, fragte mich, was los sei. Sie ist bester Laune, seit sie Lionel das Leben gerettet hat. Sie hat mich ganz lieb angeschaut, und da musste ich prompt wieder an Mama denken.

»Mama …«, schniefte ich.

Und dann begann ich wirklich zu heulen.

Madame Ravier klopfte mir auf die Schulter und sagte: »Beruhige dich, meine Kleine. Du wirst sie bald schon wieder sehen, deine Mama.«

Da habe ich sie auf einmal fürchterlich gehasst und bin davongerannt. Madame Ravier hat absolut nichts kapiert, denn meine Mama werde ich vermutlich nie mehr wieder sehen.

»Ein Wahnsinnsschnupfen?«, wiederholte Samira perplex.
»Ja, genau das hat er gesagt.«
»Bist du dir sicher, dass du ihn richtig verstanden hast? Denn ein Schnupfen an sich ist ja nichts Schlimmes, aber ein Wahnsinnsschnupfen … Hm, ich weiß nicht.«
»Und er klang gar nicht traurig«, fügte ich hinzu. »Meinst du, er liebt sie nicht mehr?«
»Puh, keine Ahnung. Vielleicht wollte er bloß nicht, dass du dir Sorgen machst.«
»Samira, mal ganz im Ernst: Glaubst du, dass meine Mutter sterben wird?«
»Hör mal, Lena. Kann sein. Aber eines solltest du nicht vergessen: Die Mutter von Bambi, die

Mutter von Schneewittchen, die Mutter von Aschenputtel und so weiter, also alle interessanten Mütter sind jung gestorben.«

Nach dieser kurzen Unterredung musste ich ganz lange weinen. Ich habe so heftig geweint, dass der verletzte Lionel zu mir kam, um mir zu sagen, dass es doch gar nicht so schlimm sei und dass er seinen Finger schon wieder bewegen könne.

»Er ist dein Verehrer, darauf würde ich wetten«, meinte Samira. »Es ist nicht der mit den grünen Klamotten.«

»Egal, das ist mir total egal«, schluchzte ich. »Wenn meine Mama stirbt, werde ich sowieso nie heiraten.«

Nach diesem aufregenden, aber ziemlich traurigen Tag fiel auch unser abendliches Fragespiel ziemlich traurig aus.

Erstens: Wie lange dauert es, bis man an einem Wahnsinnsschnupfen stirbt?

»Ich würde sagen, zwischen zwei Wochen und sechs Monaten«, meinte Samira fachmännisch.

»Meinst du, sie lebt noch so lange, dass ich sie noch einmal sehe? Oder soll ich lieber vorzeitig heimfahren?«

»Nein, das ist bestimmt nicht nötig.«

Zweitens: Ist diese Krankheit sehr schmerzhaft?

»Bestimmt, es ist bestimmt schrecklich schmerzhaft«, sagte ich, ehe ich erneut in Tränen ausbrach.

»Ich glaube nicht«, versicherte mir Samira und tätschelte mitfühlend meine Hand. »Die Nerven sitzen alle im Gehirn. Wenn man wahnsinnig wird, ist vor allem das Gehirn betroffen und die Nerven werden alle zerstört und folglich spürt man keine Schmerzen mehr. Ich glaube, dass deine Mutter schon jetzt keine Schmerzen mehr spürt. Selbst wenn man sie zwickt oder wenn sie von einem Hund gebissen wird.«

Dieser Gedanke hat mich ein bisschen getröstet.

Drittens: Wird man dabei schwachsinnig?

»Hm«, meinte Samira, »ich fürchte, dass die Antwort darauf auf der Hand liegt.«

»Du hast Recht. Mama wird mit Sicherheit immer mehr verblöden. Aber weißt du, ich werde sie trotzdem auch weiterhin lieben.«

»Sogar, wenn sie nicht mehr sprechen kann und nur noch sabbert und grinst wie ein Riesenbaby?«

»JA! Meine Mama wird immer meine Mama bleiben.«

Dieses Mal war es Samira, die weinen musste.

Viertens: Wenn man erst mal tot ist, was passiert dann?

Zu diesem Punkt fiel uns rein gar nichts ein. Er war und blieb ein einziges großes Rätsel. Wir hatten keine Ahnung, abgesehen von der Beerdigung.

»Aber es gibt doch den lieben Gott«, gab Samira zu bedenken.

»Ach ja, stimmt, der liebe Gott. Aber das erklärt auch nichts.«

»Und die Engel?«, schlug Samira vor.

»An die glaube ich nicht.«
»Tja, dann weiß ich auch nicht weiter. Aber du kannst ja deine Mutter fragen.«
»Ehe sie komplett schwachsinnig wird«, sagte ich.
Dann haben wir so lange gelacht, bis uns der Bauch wehtat. Ich weiß, über so etwas dürfte man nicht lachen, und es war auch kein bisschen witzig. Es war ein eher nervöses Lachen.

Vornamen

Am nächsten Tag kommt wieder ein Brief von meiner Mutter an. Die Schrift sieht noch gleich aus wie früher. Das ist beruhigend. Ich zeige Samira den Umschlag, und sie ist auch meiner Meinung.

»Die Krankheit hat ihr Schreibzentrum im Kopf noch nicht angegriffen«, teilt sie mir mit.

»Glaubst du wirklich, dass es im Kopf ein Schreibzentrum gibt?«

»Es gibt für alles ein Zentrum, fürs Schreiben, fürs Essen, sogar fürs Pipimachen.«

Also echt, das finde ich ziemlich überflüssig, denn abgesehen vom Schreiben geht alles andere

bobu
buba
uba
ubo

doch völlig von selbst. Wozu braucht man extra ein Zentrum im Kopf, wenn etwas sowieso funktioniert?

Ich habe keine Lust, dass es so abläuft wie neulich, als die Lehrerin auf ihren Stuhl kletterte und mit lauter Stimme meinen Brief vor versammelter Mannschaft vorlas. Umso mehr, als ich keine Ahnung habe, was in diesem neuen Brief drinsteht. Wenn Mama schon dabei ist, schwachsinnig zu werden, benimmt sie sich vielleicht schon wie mein kleiner Bruder.
Mein kleiner Bruder kann total normal sein, lieb und nett, und dann sagt er urplötzlich und ohne jeden Grund ›Scheiße‹ und solche unanständigen Sachen.
Aber ich muss natürlich trotzdem wissen, was in diesem Brief steht, und deshalb wende ich mich an Dora, die Hausmeistersfrau, denn sie ist Expertin für delikate Angelegenheiten. Einmal, als

in der großen Pause eine Naht von meiner Hose gekracht ist, hat sie sie ganz schnell geflickt, damit niemand etwas bemerkte.

»Fehlt sie dir sehr, deine Mama?«, will Dora wissen.

Ich habe bestimmt ein ziemlich komisches Gesicht gemacht, als ich ihr den Brief gereicht habe.

»Ja, ein bisschen.«

Ich muss mich unheimlich zusammenreißen, um nicht gleich wieder loszuflennen. Samira, die direkt hinter mir steht, legt mir eine Hand auf die Schulter.

»Also, dann wollen wir mal sehen«, sagt Dora, während sie den Umschlag aufreißt. »Oh, das ist aber hübsch! Was für eine wunderbare Idee! Sie ist wirklich lustig, deine Mama.«

Ich erstarre. Am liebsten würde ich zu Dora sagen, sie solle mir den Brief zurückgeben. Wie kann sie es wagen, über die Albernheiten zu

lächeln, die meine arme, kranke Mutter mir geschrieben hat!
»Was steht drin?«, frage ich mit erstickter Stimme.
»Es ist ein Lied«, antwortet Dora.
Und sie beginnt zu singen, während sie mir tief in die Augen schaut:

Spazieren geh ich ganz allein,
wo mag denn nur meine Liebste sein?
Ich suche sie auf jedem Dach,
ich such sie auch in jedem Bach.
Ich frage mich, wo mag sie sein?
Mein allerliebstes Schätzelein.

Ich lasse Dora nicht aussingen. Ich reiße ihr meinen Brief aus der Hand und renne davon. Das ist mein Gute-Nacht-Lied, das Lied, das Mama mir immer vorsingt, damit ich gut einschlafen kann. Dieses Lied hat sie mir schon vorgesungen, als ich noch ein Baby war, und es ist wahrscheinlich alles, was sie noch weiß. Sie ist nicht mehr in der Lage, einen normalen Satz zu formulieren. Diese Erkenntnis ist so entsetzlich, so traurig, dass ich das Gefühl habe, in einen endlosen, dunklen Tunnel zu stürzen. Und ich spüre, dass nichts und niemand auf der Welt mich jemals wieder aufheitern kann.

Samira läuft mir nach. Ich renne hinaus in den Garten, denn ich möchte mich an die Tür des Schweinestalls setzen.

Dort gefällt es mir. Es stinkt zwar ein bisschen, aber es ist schön. Hier wachsen Schlüsselblumen und überall liegt Heu herum. Ich greife nach einem Halm und kaue darauf herum, während ich heule.

»Es ist meine Schuld«, schluchze ich mit einer Stimme, die mir fremd ist. »Ich hätte ihr nicht antworten dürfen. Weil ich keine Lust zum Schreiben hatte, habe ich ihr ein Bild gemalt. Das hat sie gekränkt, da bin ich mir sicher. Es war ein ziemlich kompliziertes Bild, und meine Mutter ist etwas eigen in solchen Sachen. Sie betrachtet meine Bilder immer sehr, sehr lange und denkt angestrengt nach. Das Bild, das ich ihr geschickt habe, hat ihr den Rest gegeben.«

Samira hat mir ein Sträußlein gepflückt. Sie weiß nicht, was sie sagen soll. Sie drückt mir nur die Blumen in die Hand und beginnt dann, vom *Untergang der Dinosaurier* zu erzählen.

»Was mir am besten gefällt an unserem Buch«, sagt sie, »ist, dass wir alles frei erfinden können, weil kein Mensch weiß, wie es wirklich zuging damals, zur Zeit der Dinosaurier.«

Anfangs höre ich gar nicht richtig zu, doch dann, nach und nach, interessiere ich mich immer mehr für das, was Samira erzählt. Die Tränen versiegen allmählich, und ich stelle mir die vielen Triceratopse, Ankylosaurier und Ptero-

daktyle vor. Das ist sehr schön. Sie stoßen Schreie aus, springen und fliegen. Überall sind Dinosaurier, auf der Erde und am Himmel.

»Ich finde, es ist sehr wichtig, dass wir auch lustige Sachen in unserer Geschichte erzählen«, fährt Samira fort. »Ich habe mir zum Beispiel gedacht, dass wir eines der Kapitel ›Diplodohnehose‹ nennen könnten.«

Ich muss lächeln, aber nur ein bisschen. Doch Samira bemerkt es, und sie wiederholt: »Diplodohnehose. Wie findest du das?«

Da endlich muss ich lachen, und ich höre auch Samira lachen, und da kann ich gar nicht mehr aufhören.

Im Unterricht vergesse ich alles andere, denn wir nehmen ein sehr spannendes Thema durch: Namen. Familiennamen, eigene Namen, sonstige Namen. Ich erfahre, dass man mehrere Vornamen haben kann. Ich habe nur einen einzigen, ich heiße Lena und fertig.

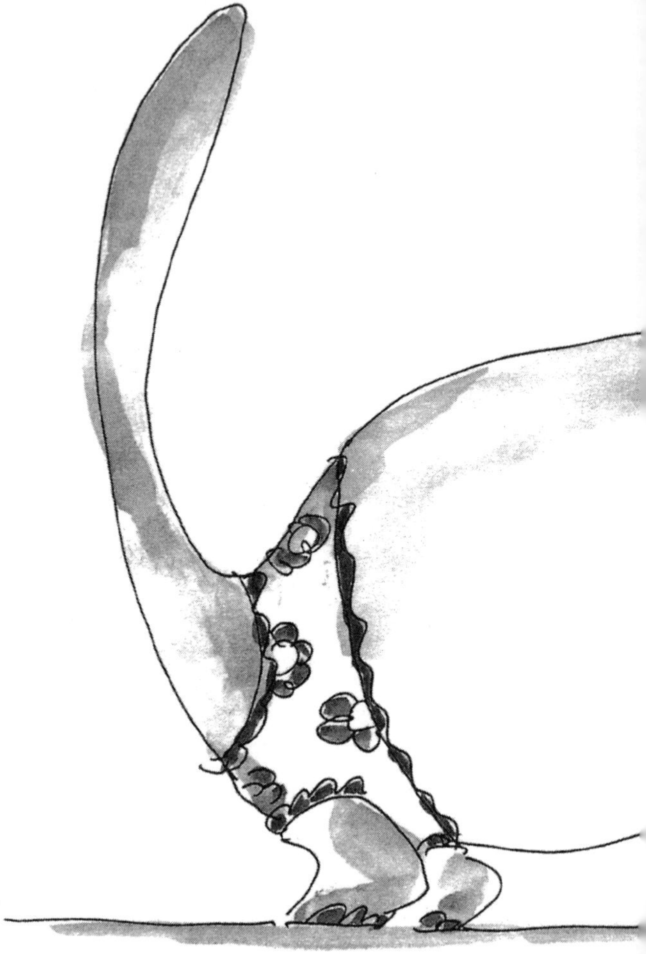

»Ach, das wusstest du nicht?«, fragt mich Samira erstaunt.
»Nein, woher auch? Hast du es gewusst?«
»Klar. Ich zum Beispiel heiße Samira Linda Yasmin.«
»Glaubst du, Pedro hat auch mehrere Vornamen?«
»Ganz sicher«, behauptet Samira. »Die meisten Leute haben drei.«
Da fragt die Lehrerin jeden von uns nach seinem

kompletten Namen. Da werden ein paar sehr merkwürdige, ganz altmodische Namen genannt, die man so gut wie nie hört, zum Beispiel Lucien, Hugo, Albert, Honorine, Leslie oder Berta.

»Und du, Pedro?«, fragt die Lehrerin nun.

Pedro druckst herum.

»Nicht so schüchtern, mein Großer, verrate ihn uns. Wir sind alle schon ganz gespannt. Nicht wahr, Kinder?«

Natürlich beginnen nun alle lauthals zu brüllen: »Pedro, sag uns deine Vornamen. Auf, Pedro, wie heißt du?«
Schließlich kann er nicht mehr anders. Er wird feuerrot und sprudelt dann heraus: »Lionel Ermano.«
Samira kippt vor Überraschung fast vom Stuhl. »Er ist es«, zischt sie mir ins Ohr. »Er muss es sein.«
Da werde ich genauso rot wie Pedro und befürchte einen Moment lang, dass es durchaus möglich ist, dass ich vor Liebe sterbe, noch ehe meine Mutter an ihrem Wahnsinnsschnupfen stirbt.

Dann kommt der letzte Abend, an dem wir unser Fragespiel machen können. Am nächsten Tag werden wir nach Paris zurückfahren. Ich bin froh und traurig zugleich. Ich würde Pedro-Lionel zu gern eine kleine Botschaft schicken, aber irgendwie finde ich, es schickt sich nicht, jetzt, wo meine Mutter so schwer krank ist.

Erstens: Wenn man einem Verehrer keine Antwort schickt, hört er dann auf, einen zu lieben?

»Natürlich nicht«, antwortet Samira, »ganz im Gegenteil.«

»Woher willst du das wissen?« »Als Bertrand zu mir gesagt hat, dass er mich liebt, habe ich nicht gesagt ›ich dich auch‹. Und was ist? Er liebt mich noch immer.«

»Aber das war zu Beginn der ersten Klasse, Samira. Vielleicht hat er es sich inzwischen anders überlegt.«

Samira kratzt sich am Kinn. An diese Möglichkeit hatte sie nicht gedacht.

»Vielleicht sollte ich ihm doch einmal ein kurzes Brieflein schicken«, sagt sie.

Zweitens: Gibt es ein Medikament gegen Wahnsinnsschnupfen?

Das wissen wir leider nicht. Aber es tut schon gut, das Wort Medikament auszusprechen. Wir wiederholen es achtmal, denn die Acht ist Samiras Glückzahl.

Drittens: War unser Schullandheimaufenthalt schön, alles in allem?

Diese Frage haben wir nicht zu Ende diskutieren können, denn irgendwann sind wir eingeschlafen. Wir sind nämlich auf die grandiose Idee gekommen, uns alles zu erzählen, was wir erlebt haben, von Anfang an. In welchem Moment mir endgültig die Augen zugefallen sind, weiß ich nicht mehr.

Haaatschiii!

Im Bus auf der Rückfahrt haben wir alle Lieder gesungen, die wir kennen, sogar die aus der Vorschule. Madame Ravier nahm das Mikrophon des Busfahrers und sang fleißig mit. Sie hat eine sehr schöne Stimme. Früher war mir das nie aufgefallen. Eine eher tiefe, metallische Stimme. Ich habe mich gefragt, ob ich sie nicht falsch eingeschätzt habe.

Ich habe meine Lehrerin nie richtig gemocht, weil sie so streng ist und sich über manche ernsten Dinge lustig macht. Sie schaut uns mit zusammengekniffenen Augen an und man hat den Eindruck, dass sie uns am liebsten mit ihrem

Blick durchbohren möchte. Nur dass sie, insgesamt gesehen, auch viele gute Eigenschaften hat. Ich schlage Samira vor, dass wir am Wochenende eine Liste aller Eigenschaften von Madame Ravier schreiben könnten.

»Dann bringt jede von uns ihre Liste am Montagmorgen mit zur Schule«, sage ich.

»Gut, dann können wir endgültig festlegen, ob wir sie mögen oder nicht«, sagt Samira.

Ich bin todmüde. Das waren die anstrengendsten Ferien meines Lebens.

»Das liegt daran, dass es keine richtigen Ferien waren«, gibt Samira zu bedenken.

Alles tut mir weh. Als ob ich einen Wachstumsschub hinter mir hätte. Irgendwie zieht es in den Knien und an den Ellbogen. Nur dass es diesmal auch im Kopf zieht. Ich singe mit den anderen mit, während ich an meinem Vesperbrot knabbere. Ich denke daran, dass es Brot vom Land-

schulheim ist, und da fällt mir ein, dass ich vergessen habe, mich von den Tieren zu verabschieden. Ich denke an die weißen Kaninchen mit den roten Augen in ihren aufgehängten Käfigen, an die Schweinefamilie in ihrem Stall, an die Hühner und Gänse, die Zicklein, die mir Kekse aus der Hand gefressen haben. Ich glaube, ich würde gern auf dem Land leben. Aber wenn ich auf dem Land leben würde, hätte ich mein Zimmer nicht mehr mit meinem Etagenbett und dem Fallschirmspringer an der Decke. Ich wünsche mir, dass wir bald ankommen, aber gleichzeitig habe ich auch Angst davor.

»Glaubst du, meine Mutter wird da sein?«, frage ich Samira.

»Bestimmt.«

»Vielleicht nimmt sie vorher ihr Medikament ein.«

»Vielleicht ist sie auch schon längst geheilt«, meint Samira optimistisch.

Das würde ich nur zu gerne glauben, aber mein Herz ist so schwer, dass es mir nicht gelingt.

Wir biegen von der Autobahn ab und kommen in Paris an. Die Häuser kommen mir viel zu groß und eng beieinander vor. Alles ist laut und voller Abgase, man hört Hupen, Motorräder und die Sirenen von Feuerwehrautos. Der Lärm ist unerträglich, uns platzen fast die Ohren. Ich weiß, dass die Luft schmutzig ist, total verpestet, und dass die Gehwege mit Hundekacke übersät sind. Trotzdem fühle ich mich wohler und wohler. Ich bin wieder zu Hause. Paris ist meine Heimat.

Unsere Schule befindet sich am Ende einer Straße, und davor haben sich alle Eltern versammelt. Sie winken aufgeregt, lächeln, einige hüpfen sogar hoch und drängen sich vor, um besser sehen zu können, wer gleich aussteigt. Ich entdecke Samiras Mutter und einen ihrer großen

Brüder, der eine marokkanische Flagge schwenkt. Erst in dem Moment, als der Bus anhält, sehe ich meine Eltern, Seite an Seite. Mein Vater trägt meinen kleinen Bruder Huckepack, und meine Mutter hat eine Zeitung unter den Arm geklemmt. Mama liest furchtbar gern Zeitungen, und deshalb ist sie auch so gescheit. Das heißt, deshalb *war* sie sehr gescheit. Aber in

ihrem jetzigen Zustand kann sie wahrscheinlich nicht einmal mehr richtig lesen.

»Schau nur!«, sage ich zu Samira und deute mit dem Finger auf Mama. »Sie hat eine Zeitung unter dem Arm.«

»Ich wette, dein Vater hat sie ihr dorthin geklemmt, damit sie einigermaßen normal aussieht.«

Und tatsächlich – es funktioniert. Mama sieht wirklich ganz aus wie die Mama von früher, nur mit dem kleinen Unterschied, dass sie eine rote Nase hat und einen dicken Schal um den Hals, der ihr Lächeln fast verbirgt.
Sobald sich die Bustüren öffnen, stürzen wir uns alle zum Ausgang. Auf den Stufen stehe ich auf einmal ganz dicht bei Pedro. Er berührt meine

Hand, ohne mich dabei anzusehen, und ich muss an die Worte denken, die meine Mutter gesagt hat, als sie ihn zum ersten Mal gesehen hat. Es müsste wirklich verboten werden, so schön zu sein.

Die Mütter und Väter breiten die Arme ganz weit aus und wir stürzen uns hinein. Die Mutter von Samira steht direkt neben meiner Mutter.

Kurz bevor wir bei ihnen angelangt sind, zischt Samira mir zu: »Du musst jetzt sehr stark sein.« Ich nicke tapfer und werfe mich in die Arme meiner Mama, die gut riecht und sich schön kuschelig anfühlt.
»Mein Schnuckilein, mein Goldengelchen, mein süsses, kleines Korkenknubbelchen.«
Sie drückt mich ganz fest an sich und zieht fortwährend die Nase hoch. Sie drückt mich so fest an sich, dass ich fast keine Luft mehr bekomme. Plötzlich baut sich Samira vor uns auf und fragt mit lauter Stimme: »Was ist eigentlich ein Wahnsinnsschnupfen?«
»Haaatschiii!«
Meine Mutter muss so heftig niesen, dass sie mich dabei loslässt. Ich stolpere gegen die Beine meines Vaters, der mir über den Kopf streicht und liebevoll zu mir herunterblickt.
»Haaatschiii!«, macht meine Mutter erneut. »Das ist zum Beispiel einer«, sagt sie schniefend

und zieht ein Papiertaschentuch aus ihrer Manteltasche.
Samira und ich verstehen nur Bahnhof.
Meine Mutter deutet auf ihre rote Nase, und bevor sie zum dritten Mal niesen muss, kann sie gerade noch sagen: »Das ist einfach eine schlimme Erkältung.«
Samira sieht noch erleichterter aus als ich. Sie ist schon an der Hand ihrer Mutter, dreht aber noch einmal den Kopf und schneidet eine Grimasse. Dabei macht sie Schielaugen und lässt die Zunge heraushängen.
Während wir uns zum Abschied zuwinken, denke ich: »Eigentlich war sie echt toll, unsere grüne Woche.«

ENDE